Monika und Nicole Helbig

Dachziegel gestalten mit Serviettentechnik

frechverlag

Von Monika und Nicole Helbig sind im frechverlag weitere Bücher erschienen. Hier eine Auswahl:

TOPP 2613

TOPP 2738

TOPP 2729

TOPP 2670

TOPP 2625

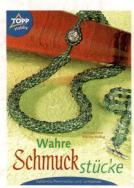
TOPP 2919

Neu gestaltete Auflage von TOPP 2762.
Fotos: frechverlag GmbH + Co. Druck KG, 70499 Stuttgart;
Fotostudio Ullrich & Co., Renningen

Dieses Buch enthält:
1 Vorlagenbogen

Materialangaben und Arbeitshinweise in diesem Buch wurden von den Autorinnen und den Mitarbeitern des Verlags sorgfältig geprüft. Eine Garantie wird jedoch nicht übernommen. Autorinnen und Verlag können für eventuell auftretende Fehler oder Schäden nicht haftbar gemacht werden. Das Werk und die darin gezeigten Modelle sind urheberrechtlich geschützt. Die Vervielfältigung und Verbreitung ist, außer für private, nicht kommerzielle Zwecke, untersagt und wird zivil- und strafrechtlich verfolgt. Dies gilt insbesondere für eine Verbreitung des Werkes durch Film, Funk und Fernsehen, Fotokopien oder Videoaufzeichnungen sowie für eine gewerbliche Nutzung der gezeigten Modelle.

Auflage: 5.   4.   3.   2.   Letzte Zahlen
Jahr: 2005 2004 2003 2002   maßgebend

© 2001

frechverlag GmbH + Co. Druck KG, 70499 Stuttgart

ISBN 3-7724-2965--3 · Best.-Nr. 2965   Druck: frechverlag GmbH + Co. Druck KG, 70499 Stuttgart

Servietten auf Dachziegeln?!

Sie haben richtig gehört. Das ist mal eine andere, aber bereits trendverdächtige Anwendung dieser beliebten Kreativtechnik!

Ob Sie die Dachziegel und -pfannen als Wanddekoration für Balkon oder Wohnung gestalten möchten – hier finden Sie viele Ideen!

Wir zeigen Ihnen, wie Sie wunderschöne Kerzenhalter oder Blumentöpfe gestalten können. Auch Welcome- und Türschilder lassen sich zauberhaft mit Hilfe der beliebten Serviettentechnik gestalten.

Sie können die verzierten Dachziegel auch einfach nur in den Garten oder ins Blumenbeet legen oder an das Tor lehnen.

Wir wünschen Ihnen viel Spaß und gutes Gelingen bei der Ausarbeitung Ihrer Modelle!

Monika und Nicole Helbig

Material

❖ **Dachziegel/-pfannen:**
Gibt es in verschiedenen Größen und Formen im Heimwerkermarkt. „Schindeln" sind die flachen, U-förmigen Dachziegel. Wir benutzen ausschließlich gebrannte Dachziegel.

❖ **Servietten:**
Es gibt sie in den verschiedensten Farben und Formen, mit unzähligen Motiven. Verwendet wird nur die oberste Lage. Sie werden bald überall schöne Servietten sammeln.
Häufig müssen Sie Motive ansetzen, da die Servietten nicht groß genug sind. So entsteht ein „Puzzle". Bei hellen Servietten sollte auch die Oberfläche des zu verzierenden Objekts möglichst hell sein, sonst kommt das Motiv nicht so gut zur Geltung.

❖ **Serviettenkleber (Mod Podge):**
Ist ein weißer, nicht wasserfester Kleber (Leim). Es gibt ihn matt und glänzend. Aufgetragen wird er mit einem Pinsel. Es gibt auch Kleber, die Farbe und Leim in einem sind. Beachten Sie die jeweiligen Herstellerhinweise.

❖ **Backpapier und Bügeleisen:**
Benötigen Sie zum Aufbügeln der Serviettenmotive auf die zu verzierenden Objekte bei der Bügeltechnik (S. 6). Stellen Sie den Temperaturregler des Bügeleisens auf Baumwolle.

❖ **Acrylfarbe:**
Diese Farbe brauchen Sie zum Grundieren der Dachziegel. Es gibt sie in vielen Farbtönen. Manche Farben können auch direkt als Serviettenkleber verwendet werden (z. B. Patio Paint, Deco 21).

❖ **Crackle Medium/Krakelierlack:**
Diese Farbe verleiht den Objekten ein antikes Aussehen. Das Medium wird zwischen zwei Farbschichten aufgetragen. Wenn die oberste

Material

Farbschicht trocknet, entsteht der „Crackle Effekt".
Sie sollten das Crackle Medium und die Acrylfarbe immer über Nacht trocknen lassen, bevor Sie die Servietten aufkleben. Denn wenn das Medium nicht vollständig durchgetrocknet ist, wird auch die Serviette zerreißen.

❖ Föhn:
Mit einem Föhn können Sie die Trocknungsvorgänge der einzelnen Farben beschleunigen.

❖ Pinsel:
Zum Auftragen der Farben brauchen Sie jeweils dem Objekt entsprechende Pinsel.
Zum Auftragen des Serviettenklebers verwenden Sie am besten einen breiteren Pinsel.

❖ Kleber:
Am besten verwenden Sie zum Befestigen der halben Tontöpfe 2-Komponenten-Kleber. Für die Dekoelemente, die auf Dachziegeln befestigt werden sollen, eignet sich am besten Heißkleber.

❖ Lack:
Lack macht die Objekte wasserfest und unempfindlicher. Es gibt Klarlack und Mattlack. Verwenden Sie, was Ihnen am besten gefällt.

❖ Patina:
Gibt es in verschiedenen Farben und mit verschiedenen Effekten, zum Beispiel in Metallic. Sie wird vorsichtig mit einem weichen Tuch auf den Gegenstand gerieben.

❖ TERRAKOTTA-PEN:
Ist ein Stift, mit dem Sie Terrakotta und Dachziegel ganz einfach bemalen können. Verwenden Sie die Stifte mit 6 mm-Spitze.

❖ Werkzeug:
Bohrmaschine, Schere, Silhouettenschere und Zange.

❖ Schrauben & Muttern:
Zum Befestigen von Töpfen und anderen Gegenständen an Dachziegeln.

❖ Auspuffschelle:
Gibt es im Heimwerkermarkt zu kaufen. Wir verwenden nur den Ring der Auspuffschelle, der an dem Dachziegel als Halterung für Gläser und Töpfe befestigt wird. Der Ring kann bemalt, patiniert oder verziert werden.

❖ Endkappe:
Die Endkappe für ein Rohr ist aus Kupfer und dient an einen Dachziegel angeschraubt als Kerzenhalter.

Krakeliertechnik Schritt für Schritt

❗ Achtung: Dieser Schritt muss immer vor der Serviettentechnik ausgeführt werden!

Es ist immer die Farbe des Untergrundes, die bei dieser Technik nachher durch die Risse zu sehen ist. Sollte Ihnen die Farbe Ihres Objekts so gefallen wie sie ist, dann brauchen Sie den ersten Schritt nicht.

❶ (Ohne Abbildung) Bemalen Sie das gewünschte Objekt mit einer Acrylfarbe nach Wunsch (Grundierung). Lassen Sie diese Farbe vollständig trocknen.

❷ Tragen Sie nun eine dicke Schicht Crackle Medium auf die Flächen auf, die krakelieren sollen. Föhnen Sie das Medium trocken. Je dicker Sie das Krakeliermedium auftragen, desto stärker werden die Risse und Sprünge.

❸ Nun können Sie die obere, letzte Farbschicht mit Acrylfarbe auftragen.
Dazu tränken Sie einen dicken Pinsel mit der gewünschten Farbe und tragen sie mit kreisenden Bewegungen auf das Krakeliermedium auf. Achten Sie darauf, dass Sie nicht zweimal über die gleiche Stelle streichen. Am besten ist der Pinsel immer mit ausreichend Farbe getränkt. Die Risse entstehen unmittelbar beim Trocknen.

❗ Wichtig: Bevor Sie nun mit der Serviettentechnik fortfahren, lassen Sie die Farben mindestens einen Tag aushärten.

Anleitung „Serviettentechnik"

Es gibt inzwischen viele verschiedene Fabrikate und die Technik variiert daher leicht. Beachten Sie deshalb immer die Herstellerangaben!

❖ **Bügeltechnik (Mod Podge):**
Leimen Sie als Erstes die zu dekorierende Stelle mit Serviettenkleber ein. Lassen Sie den Leim nun trocknen oder föhnen Sie ihn trocken.
Von der ausgeschnittenen Serviette verwenden Sie nur die oberste Lage. Diese legen Sie nun auf die geleimte Fläche, decken die Serviette mit Backpapier ab und bügeln sie mit einem Bügeleisen (Einstellung auf Baumwolle) fest. Der Serviettenkleber schmilzt durch die Hitze des Bügeleisens und verbindet sich so mit der Serviette. Anschließend lassen Sie das Backpapier leicht abkühlen, bevor Sie es vorsichtig abziehen. Nun bestreichen Sie die auf-

geklebten Servietten nochmals dünn und vorsichtig mit Serviettenkleber. Arbeiten Sie dabei von der Mitte hin nach außen. Nach dem Trocknen werden zum Schutz zwei Lagen Lack aufgetragen. Lassen Sie jede Lackschicht gut trocknen.

Der Vorteil dieser Methode ist, dass die Serviette ganz glatt aufgebracht werden kann.

❖ **Klebetechnik:**
Es gibt auch Serviettenkleber im Fachhandel, die nicht trocknen müssen, bevor die Servietten eingelegt werden. Bei diesen Klebern legen Sie das Serviettenmotiv in den noch feuchten Klebstoff und drücken es vorsichtig fest. Anschließend streichen Sie noch eine weitere Schicht Serviettenkleber über das Motiv. Achten Sie darauf, dass Sie immer von der Motivmitte zum Motivrand hinstreichen, sonst reißt das Motiv. Alle Blasen und Fältchen können Sie zum Rand hin herausstreichen.

Befestigung von Töpfen & Kerzenhaltern

Töpfe, Endkappen, Untersetzer und Deckel werden alle nach dem gleichen Prinzip an einem Dachziegel befestigt!

❶ Als Erstes bohren Sie in die Dachpfanne und die anzubringenden Gegenstände je ein Loch.
❷ Stecken Sie nun eine Schraube durch das Loch in der Dachpfanne und drehen Sie diese Schraube von hinten mit einer Mutter an der Dachpfanne fest.
❸ Wenn zwischen der Dachpfanne und z. B. der Endkappe etwas Abstand entstehen soll, dann drehen Sie auf die Schraube so viele Muttern, wie Sie für den gewünschten Abstand benötigen.
❹ Anschließend stecken Sie den Rest der Schraube durch das Loch im Topf, in der Endkappe oder im Untersetzer.

Befestigen Sie diese Gegenstände an der Dachpfanne, indem Sie von innen eine Mutter auf die Schraube drehen.

Befestigung einer Halterung für Töpfe und Gläser

Als Halterung befestigen Sie eine Auspuffschelle an dem Dachziegel.

Allerdings benötigen Sie nur den Ring/Rundbogen für diese Art der Halterung.

❶ Bohren Sie zuerst zwei Löcher in den Dachziegel. Achten Sie darauf, dass die Löcher auch dem Abstand des Rings entsprechen.

❷ Dann stecken Sie den Ring durch die zuvor gebohrten Löcher und schrauben ihn an der Rückseite des Dachziegels mit Muttern fest.

Dachziegel mit Kerzenglas und Liliendekor

- Dachziegel
- Acrylfarbe in Creme
- Serviettenkleber
- Lack
- Ring von der Auspuffschelle
- 2 Muttern
- Kerzenglas, 7 cm Durchmesser
- 1 m Buchsbaumgirlande
- Serviette mit weißer Calla

Arbeiten Sie diesen Dachziegel wie auf Seite 6 - 8 beschrieben.

Putziger Teddy

(Abbildung auf Seite 10)

- Dachziegel
- Acrylfarbe in Hellblau
- Serviettenkleber
- Serviette mit Teddymotiv
- Endkappe, 3 cm Durchmesser
- Tontopf, 8 cm Durchmesser
- 2 Schrauben
- Mindestens 4 Muttern

Zuerst bohren Sie drei Löcher: ein Loch zum Aufhängen des Dachziegels und zwei Löcher zum Anbringen des Topfs und des Kerzenhalters. Dann bemalen Sie die Schindel mit hellblauer Acrylfarbe.
Aus der Serviette schneiden Sie einen Teddy, zwei Bordürenstreifen und einen Blumenkranz aus. Mit einem Streifen und dem Kranz verzieren Sie den Tontopf, mit dem Teddy und dem anderen Bordürenstreifen wird die Schindel verziert. Zuletzt befestigen Sie Kerzenhalter und Tontopf an dem Dachziegel.

Putziger Teddy

(Beschreibung auf Seite 8)

Dachziegel mit zwei Kerzenhaltern

- Dachziegel
- Strohseide in Creme
- Serviette mit blauen Rosen
- Zackenschere
- Serviettenkleber

- 2 Endkappen, 3 cm Durchmesser
- 2 Schrauben
- Mindestens 4 Muttern
- 2 Stabkerzen
- 2 Kerzenringe in Weiß, 5 cm ø

Bekleben Sie den Dachziegel mit Strohseide. Aus der Serviette schneiden Sie mit der Zackenschere nach der Vorlage einen Rundbogen aus und kleben dieses Motiv dann in die Mitte des Dachziegels.
Anschließend bohren Sie drei Löcher ein: zwei für die Kerzenhalter und ein Loch zum Aufhängen. Die Kerzenhalter befestigen Sie nach der Anleitung von Seite 7. Zur Dekoration können Sie noch zwei kleine Blumenkränzchen an die Kerzenhalter hängen.

Kürbistopf

- Dachziegel
- Tontopf, 13 cm Durchmesser
- Acrylfarbe in: Dunkelgrün, Sand
- Krakelierlack
- Serviettenkleber
- Serviette mit Kürbissen
- Schraube
- 2 Muttern
- Dschungelgras
- Kürbis

Wie wäre es mit einer hübschen Herbstdekoration? Zur Anleitung siehe Seite 6/7.

Lustige Hausnummer

(Beschreibung auf Seite 16)

Dachziegel mit Meisenknödel

(Beschreibung auf Seite 16)

Lustige Hausnummer

(Abbildung auf Seite 14)

* Dachschindel
* Serviette mit Vögeln
* Serviettenkleber
* Acrylfarbe in Creme
* TERRAKOTTA-PEN in Gelb, 6 mm

Zuerst werden zwei Löcher zum Aufhängen des Dachziegels gebohrt. Anschließend bemalen Sie die Schindel cremefarben. Dann wird die Schindel wie abgebildet mit Serviettenmotiven verziert. Die Hausnummer malen Sie nach der Vorlage mit TERRAKOTTA-PEN auf.

Dachziegel mit Meisenknödel

(Abbildung auf Seite 15)

* Dachschindel
* Acrylfarbe in Hellblau
* Serviettenkleber
* Serviette mit Winter-Meise
* Pluster-Pen in Weiß
* Tontopf, 8 cm Durchmesser
* Meisenknödel
* Kleine Holzkugel
* Naturbast
* 1 Schraube
* 2 Muttern

Bohren Sie in den Dachziegel zwei Löcher: ein Loch zum Aufhängen und eines zum Befestigen des Topfs.

Dann bemalen Sie den Tontopf, die Holzkugel und die Dachschindel mit hellblauer Acrylfarbe. Verzieren Sie die Objekte mit den abgebildeten Serviettenmotiven.
Mit Pluster-Pen setzen Sie kleine weiße Tupfen auf Dachziegel und Tontopf. Das wirkt wie Schneegestöber.
Befestigen Sie nun den Tontopf am Dachziegel und hängen Sie den Meisenknödel in den Topf, indem Sie den Bast durch die Holzperle fädeln und den Bast mit der Perle durch das Loch von oben in den Topf führen. Die Holzperle liegt nur auf dem Topf und darin knoten Sie den Meisenknödel am Bast fest.

Küchenuhr

* Dachschindel
* Acrylfarbe in Creme
* Serviette mit Gemüse
* Serviettenkleber
* Uhrwerk
* Zeiger
* 1 m grünes Band

Bohren Sie zwei Löcher in die Dachschindel: ein Loch zum Aufhängen und ein weiteres Loch für das Uhrwerk.
Dann bemalen Sie die Schindel mit Acrylfarbe in Creme. Nach dem Trocknen der Farbe verzieren Sie die Schindel wie abgebildet mit Serviettenmotiven. Zuletzt montieren Sie das Uhrwerk.

Für die Küche ...

Uhr
- Dachschindel
- Serviette mit Frühstücksmotiv
- Serviettenkleber
- TERRAKOTTA-PEN in Blau
- Acrylfarbe in Weiß
- Uhrwerk
- Zeiger
- 1 m kariertes Band, 5 mm breit

Bohren Sie zuerst zwei Löcher zum Aufhängen und ein Loch für die Uhr in die Dachschindel. Dekorieren Sie sie anschließend wie auf dem Bild zu sehen und montieren Sie das Uhrwerk.

Bild
- Dachziegel
- Serviettenkleber
- Serviette mit Pilzen
- Zackenschere
- Künstliche Waldpilze

Bohren Sie zwei Löcher zum Aufhängen in die Dachziegel. Die Serviettenmotive werden mit einer Zackenschere ausgeschnitten, anschließend applizieren Sie die Motive auf dem Dachziegel. Die Pilze werden mit Heißkleber fixiert.

Ein Gläschen Wein ...

(Abbildung auf Seite 20)

- Dachschindel
- Acrylfarbe in Hellbraun, Sand
- Krakelierlack
- Serviette mit Trauben
- Serviettenkleber
- TERRAKOTTA-PEN in Grün

Bohren Sie zwei Löcher zum Aufhängen in den Dachziegel.
Anschließend grundieren Sie den Dachziegel mit hellbrauner Farbe. Nach dem Trocknen der Farbe tragen Sie Krakelierlack auf. Lassen Sie diesen Lack ebenfalls trocknen, bevor Sie ihn mit sandfarbener Acrylfarbe übermalen.
Nach dem Krakeliervorgang applizieren Sie die Serviettenmotive und schreiben mit grünem TERRAKOTTA-PEN „Bar" auf die fertige Schindel.

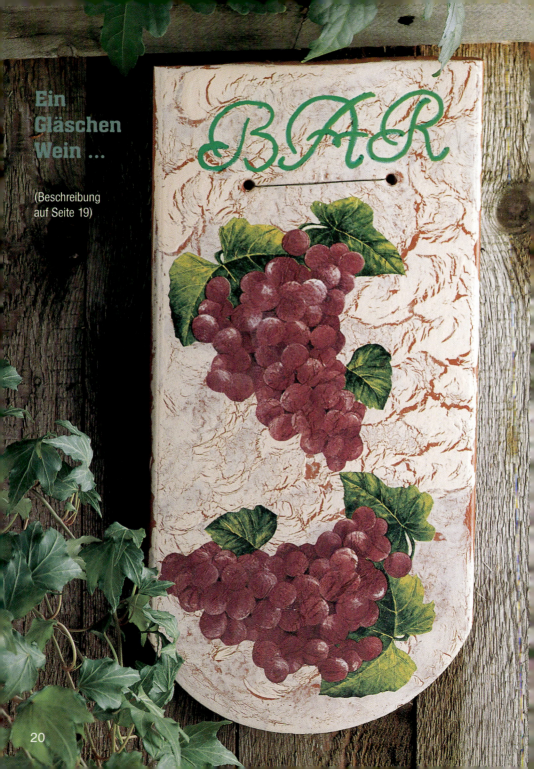

Ein Gläschen Wein …

(Beschreibung auf Seite 19)

Blühende Hortensien

- Dachschindel
- Serviette mit blauen Hortensien
- Serviettenkleber
- Tontopf, 7 cm Durchmesser
- Auspuffschelle
- Schraube
- 2 Muttern
- 1 m Herbstlaub-girlande

Bohren Sie drei Löcher in den Dachziegel: ein Loch zum Aufhängen und zwei Löcher zur Befestigung der Auspuffschelle.
Kleben Sie anschließend das Serviettenmotiv auf. Danach befestigen Sie den Ring der Auspuffschelle (vgl. Seite 8). Zuletzt verzieren Sie den Ring mit der Girlande und setzen den Tontopf in die Ringhalterung.

Dachziegel mit zwei Blumentöpfen

- Dachziegel
- 2 Tontöpfe, 14 cm Durchmesser
- Serviette mit Eicheln
- Serviettenkleber
- Acrylfarbe in Grau, Creme
- Braune Patina
- 2 Schrauben
- 4 Muttern

Bohren Sie zuerst ein Loch zum Aufhängen und zwei Löcher zum Anbringen der Tontöpfe ein. Die Tontöpfe bemalen Sie mit Acrylfarbe in Creme, die Dachziegel in Grau. Nach dem Trocknen patinieren Sie die Töpfe. Anschließend verzieren Sie Töpfe und Dachziegel mit den Serviettenmotiven. Zuletzt werden die Töpfe an dem Dachziegel befestigt.

Rosentöpfe mit Kerzen

- ❖ Dachziegel
- ❖ 2 Tontöpfe, 7 cm Durchmesser
- ❖ Acrylfarbe in Creme, Dunkelgrün
- ❖ Serviette mit Rosenmotiv
- ❖ Serviettenkleber
- ❖ 2 Schrauben
- ❖ 4 Muttern
- ❖ 2 Kugelkerzen, 8 cm Durchmesser

Diesen rosigen Dachziegel im Querformat arbeiten Sie nach der allgemeinen Anleitung auf Seite 6/7.

Willkommensgrüße!

(Abbildung auf Seite 24)

- ❖ Dachziegel
- ❖ Serviette mit Iris
- ❖ Serviettenkleber
- ❖ TERRAKOTTA-PEN in Blau
- ❖ 1 m blaues Band, 5 mm breit

Dieser Dachziegel wird gearbeitet wie auf Seite 6/7 beschrieben.

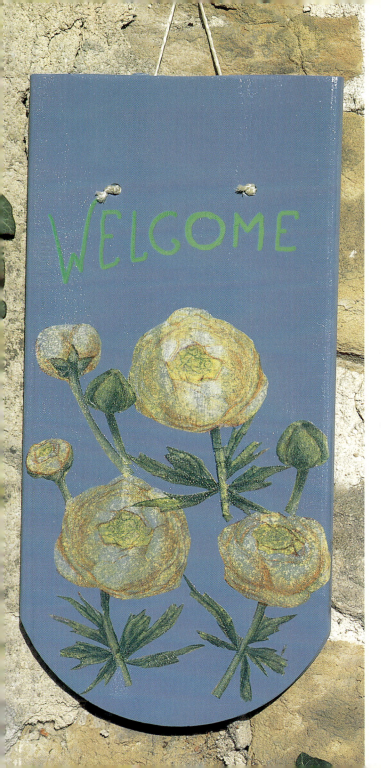

Welcome-Schild zum Empfang

- Dachschindel
- Acrylfarbe in Grau
- Serviette mit gelben Ranunkeln
- Serviettenkleber
- TERRAKOTTA-PEN in Hellgrün

Auch dieses Dachziegel-Schild wird gearbeitet wie Seite 6/7 beschrieben.

Sonniges Türschild

(Abbildung auf Seite 26)

- Dachziegel
- Serviettenkleber
- Serviette mit Sonnenblumen
- TERRAKOTTA-PEN in Gelb

Bekleben Sie den Dachziegel wie abgebildet mit Sonnenblumenmotiven. Anschließend wird der Dachziegel mit Ihrem Familiennamen beschriftet. Auf dem Vorlagenbogen finden Sie dazu das passende Alphabet.

Sonniges Türschild
(Beschreibung auf Seite 25)

Freundliches Welcome-Schild

- Dachschindel
- Acrylfarbe in Creme
- Serviettenkleber
- Serviette mit Topiary-Bäumchen
- TERRAKOTTA-PEN in Grün

Arbeiten Sie dieses Welcome-Schild wie das Schild auf Seite 25.

Farbenfrohe Primeln

- Dachschindel
- Strohseide in Creme
- Serviette mit gelben Primeln
- Serviettenkleber
- 1 m Buchsbaum-girlande
- Stumpenkerze, 5 cm Durchmesser
- Deckel von einem Marmeladenglas, 7,5 cm Durchmesser
- Schraube
- 2 Muttern

Bohren Sie drei Löcher in die Dachschindel: zwei Löcher zum Aufhängen und ein Loch zum Montieren des Deckels. Anschließend bekleben Sie die Schindel vollständig mit Strohseide. Aus der Serviette schneiden Sie mehrere Primeln aus und verteilen sie auf der Schindel. Dann befestigen Sie den Deckel an der Dachschindel. Verzieren Sie den nun entstandenen „Kerzenteller" mit einer Buchsbaumgirlande.

Dachziegel fürs Badezimmer

- ❖ Dachschindel
- ❖ Acrylfarbe in Dunkelblau, Hellblau, Sand
- ❖ Serviette mit Strandmotiv
- ❖ Serviettenkleber
- ❖ TERRAKOTTA-PEN in Blau

Zuerst bohren Sie zwei Löcher zum Aufhängen in die Dachschindel. Dann grundieren Sie die Dachschindel: im oberen Bereich in Dunkelblau, im mittleren Bereich übergehend in Hellblau und im unteren Teil sandfarben.
Anschließend bekleben Sie die Dachschindel wie abgebildet mit den Serviettenmotiven. Zuletzt wird der Schriftzug aufgemalt.

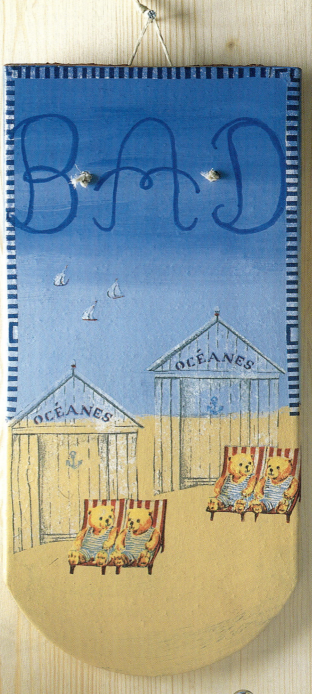

Für den Garten ...

- Dachziegel
- Acrylfarbe in Creme
- Serviette mit Gartenmotiv
- Serviettenkleber
- Tontopf, 10 cm Durchmesser

Sägen Sie als erstes den Tontopf in der Mitte durch, damit Sie zwei halbe Töpfe erhalten. Anschließend bohren Sie zwei Aufhängelöcher in die Dachziegel. Danach bemalen Sie die Dachziegel mit cremefarbener Acrylfarbe. Nachdem die Farbe getrocknet ist, wird der Dachziegel mit Serviettenmotiven verziert. Die Töpfe kleben Sie mit 2-Komponenten-Kleber an den fertig dekorierten Dachziegel.

Dachziegel mit zwei Töpfen

- Dachziegel
- Tontöpfe, 12 cm und 14 cm Durchmesser
- Acrylfarbe in Grau, Sand
- Krakelierlack
- Serviette mit Blumen und Marienkäfern
- Serviettenkleber

Bemalen Sie Dachziegel und Töpfe mit grauer Acrylfarbe. Lassen Sie die Farbe trocknen, bevor Sie Krakelierlack auf die Dachziegel auftragen. Anschließend bemalen Sie die Topfränder und den Dachziegel mit sandfarbener Acrylfarbe. Nach dem Krakelieren werden Töpfe und Dachziegel mit Serviettenmotiven geschmückt.
Dieser Dachziegel ist als Dekoration für ein Blumenbeet gedacht. Die Töpfe werden nur lose auf den Dachziegel gelegt.

Ein Blick in die Toskana ...

- Dachziegel
- Tontopf, 12 cm Durchmesser
- Serviette mit italienischer Landschaft
- Serviettenkleber

Bohren Sie in den Dachziegel zwei Löcher zum Aufhängen. Anschließend verzieren Sie Topf und Dachziegel wie abgebildet mit dem Serviettenmotiv.